꿈을 파는 철부지

리토피아시인선 · 67
꿈을 파는 철부지

인쇄 2014. 8. 5 발행 2014. 8. 10
지은이 권영례 펴낸이 정기옥
펴낸곳 리토피아
출판등록 2006. 6. 15. 제2006-12호
주소 402-814 인천 남구 경인로 77(숭의3동 120-1)
전화 032-883-5356 전송032-891-5356
홈페이지 www.litopia21.com 전자우편 litopia@hanmail.net

ISBN-978-89-6412-042-2 03810

값 8,000원

이 도서의 국립중앙도서관 출판예정도서목록(CIP)은 서지정보유통지원시스템 홈페이지(http://seoji.nl.go.kr)와 국가자료공동목록시스템(http://www.nl.go.kr/kolisnet)에서 이용하실 수 있습니다.(CIP제어번호: CIP2014021729)

권영례 시집

꿈을 파는 철부지

LITERATURE & UTOPIA

시인의 말

돌아보면 지난 세월은
어둡기도 했고, 밝기도 했다.
웃다가, 울다가, 발광하기도 했다.

그러나 수많은 날을
낙오 없이 한눈팔지 않고,
앞만 보며 열심히 살아왔다.

이제, 서산마루의
불꽃 찬란한 석양을 바라보면서
그 아름다움에 빠진다.

기다리는 사람은 없지만,
설익은 나의 시를 모아
마지막 숙성을 꿈꿀 수 있어,
행복하다.

2014년 여름
권영례

차례

제3부

제6부

| 제1부 |

민들레

밟히고 밟혀도
당신의 아름다운 모습
보내기가 어렵구나.

힘내라고 웃어주는 당당한 당신,
노랑저고리 파란치마
예쁜 민들레.

모진 비바람 불어도 참고
견딘 새색시 심성
곱기도 하지.

이제 모든 것 내려놓고
백발 되어 바람타고
하늘 높이 훨훨 날아라.

눈꽃

입춘이 지나고
절기상 춘분도 지난 어느 날,
봄을 찾아 집을 나섭니다.

차창으로 스쳐가는 연두빛 산야
이곳저곳 봉오리 터지는 진달래꽃,
노란 산수유는 귀여운 소녀입니다.

겨울바람의 꼬리가 남아
산야는 군데군데 하얀 눈꽃이 피고,
눈망울이 연신 흔들립니다.

봄을 만나
시간 가는 줄 모르고 봄향에 취했다가,
맙소사,
돌아갈 버스를 놓쳐 버립니다.

아침

햇님이 조용히 다가와 노크한다.
오늘도 눈을 떴구나 감사하며,
따뜻한 차 한 잔에 다시 감사한다.

창문을 활짝 여니,
화단에는 노란 수선화가
속닥속닥 재잘댄다.

꿀벌들도 화단을 돌다가,
빨간 장미 속으로 빨려들어가
아침식사 분주하다.

호랑나비 한 마리가
눈치를 보며 빙빙 돌지만
꿀벌들은 쉽사리 비켜주지 않는다.

담장 너머 도로에서는
하루를 시작하는 자동차들이
붕붕붕, 요란한 아침인사를 한다.

비탈길

복사꽃 나뭇가지
바람에 흔들리는
비탈길.

고개 한 번 돌리지 않고,
말없이 걸어가는
그 사람.

용기가 없어
차마,
부르지 못했다.

오빠

익숙한 삽질로 오빠가
웅덩이의 물을 퍼내면
나는 신나게 고기를 잡았다.

근질근질 거머리 한 마리 달라붙으면,
아악, 소리치며 오빠를 때렸다.
-거머리더러 붙으라고 안했다.
-오빠를 야단하지 마라.

아무리 잡아당겨도
거머리는 여간해서 떨어지지 않았다.
-이놈이 한 대 맞아야겠구나.
그제야 피를 토하며 떨어진다.

쑥 비벼 물린 곳에 붙여주던
오빠,
칠순이 넘은 지금도
그리워진다.

빗속을 걸으며

하염없이 내리는 비를 맞으며,
정처 없이 걸었다.
어디로 가는 걸까!

갑자기 등 뒤에서
날카로운 개 짖는 소리
깜짝 놀라 발걸음을 멈춰 선다.

시끌벅적하던 선거운동도
까맣게 잊은 듯 고요하다.

우산 속에 어깨를 나란히 걷는 연인,
나도 저런 적이 있었나!

인고의 세월 속에 패인
밭고랑만 늘어
빗속을 걸으며 허무함을 달랜다.

비에 젖은 그리움

하늘에 구멍이 났다.
온종일 구멍이 났다.

살구나무 가지마다
영글어 가던 노란 열매를
삼킬 듯 비가 내린다.

서늘한 바람은
비에 갇혀 오지를 못하고,
밀려가던 더위도
빗물에 하나둘 부서져 버린다.

나는 비를 맞으며
속절없는 그리움에 젖는다.

석양의 무대

잿빛 서해를 안고 있는 정서진.
하루해가 기우는 서녘 하늘에
첫사랑의 설렘이 피어납니다.

바다와 맞닿은 이름 없는 하늘은
하루를 보내기 너무 아쉬워
붉은 노을 앞세운 수채화를 그립니다.

동해에서 용트림한 태양
구름과 함께 서해로 기울면,
소리 없는 삼바 무대로 변합니다.

오색찬란한 무대에 취해
한 잔의 포도주 마시며
옛 그림자에 조용히 빠져듭니다.

저녁노을

향기로운 차 한 잔이
생각나는 저녁입니다.
일렁이는 노을을 바라봅니다.

동으로 가야 하나.
서로 가야 하나.
남으로 가야 하나.
북으로 가야 하나.

제행은 무상이라
모든 것이 변한다는데
나는 어떻게 변했을까,
어떻게 변해갈까.

첫사랑 · 1

기억 속의 이름 하나
그토록 그리워하면서
서울 하늘 길목에서 스쳐도
말 한마디 못했다.

나만의 가슴에서 커가는 이름
그는 아는지 모르는지!
숱한 편지 써놓고도 보내지 못했다.

소문처럼 어느 날,
약속했던 비행기는
머나먼 이국땅으로 떠났다.

-언제 돌아올까!
끝내 하지 못한 말
벙어리 냉가슴 되어
시커멓게 멍이 들었다.

〉

부모님 손에 끌려 출가를 하고

비행기는 꿈처럼 돌아왔지만,

나는 그저 하얗게 늙어가고 있었다.

첫사랑 · 2

빼꾹새도 슬피 울어
이별은 더 서러웠다.

달님 별님 볼까 봐
향나무 뒤에 숨어 나누던 대화.

놀란 새들의 힘찬 날갯짓에 깜짝,
어르신들 장죽소리에 뜨끔,

황홀한 노을 속으로 숨고 싶었다.
시간 속으로 들어가 잠들고 싶었다.

피멍 드는 줄 모르고 지낸 세월
장님으로 산 세월이 강으로 변했다.

마지막 열정

차례를 기다리며
떠날 준비를 하지만,
삭막한 가슴에도 아직은
열정이 남아있어.

봄꽃처럼 화사하던 행복과
살을 에던 불행의 늪에서
허우적거리며 살아온 바보.

거울을 보니
나이테 겹겹 황혼만 남았다.
어찌 할 수 없는 나의 자화상.

모진 겨울의 하얀 눈은
차오르는 복수초 같으니,
나의 마지막 열정은 끓어서
한 편의 시가 된다.

어느 영감

자갈길 먼지 일으키며 달리던 버스
백리 길을 두세 시간이나 가야 했지만,
아스팔트 고운 길로 십 분이면 오가는 세상.

보릿고개 독하게 넘느라
빛나던 봄소식도, 단풍드는 가을도,
아예 모르고 살던 시절,
시집 가 종년 된 여인들 이야기는
벌써 역사의 뒤안길로 숨어드는데,

아직도 세월 가고
세상 바뀌는 걸 모르는
촌스런 영감탱이.

남자가 앞치마 두르고 일하는 가정,
여자가 남자들을 호령하는 세상의 정치,
그래도 상관없다는 고집쟁이 영감.
착각 중 착각이다.

〉

비극은 자신이 만드는 운명의 탑인 것을
아는지 모르는지.

그저 앉아서 늙어가지 말고
세월 먹고 숙성되는 삶이었으면 한다.

선인장

아름다운 꽃을 피워
사랑으로 안아주고,
목마름을 해갈시켜주고,
가슴에 품어 토닥여준다.

비밀이라도 들킬까봐 내숭이다.
다가서면 다가설수록 윙- 윙-
마치 왕벌이 시위하는 듯하다.

쌀쌀맞은 너는
어떤 무기로도 근접할 수 없어
나를 속 타게 하지만,
그래도 비장의 무기는
따스함이다.

| 제2부 |

다듬이 소리

또닥또닥 또닥또닥,
마주 앉아 두드려
더 아름다운 소리.

한양 가신 님 기다리며
눈물로 두드리던
숨은 역사의 노래.

담 너머 금방이라도
님의 발자국 소리
들릴 듯 말 듯.

또닥또닥 또닥또닥,
이제는 들을 수 없는
아득한 옛 이야기 되었네.

꿈을 파는 철부지

꿈 많던 어린 시절
교복 갈아입고,
상급학교 가겠다고 떼쓰던 철부지.

빨간 댕기 팔랑대며
밭 매는 어머니
시장기 채워드리러 논틀길 거닐던 소녀.

청운에 부푼 꿈
어데 가고, 세월 앞에 백발머리
여기저기 성치 않은 몸인데,

칠순이 지난 지금
아직도 못한 공부 목말라
시 공부, 수필 공부에 밤을 지샌다.

이제라도 나 왔었노라!
시집 한 권 내려는 꿈,

바쁜 자식 붙잡고 떼쓰는
칠순 넘은 나는 아직도
꿈을 파는 철부지.

나의 손가락

엄지왕자님 검지공주님들
고맙습니다.
왕자님, 공주님 없었다면
난 어떻게 살았을까.

힘든 일 궂은 일 말이 없던
당신들 자랑스럽습니다.

피 아무리 흘러도 불평 없던 당신들
우리 집의 금메달입니다.

사랑합니다.
항상 나를 지켜주는 당신들이 있어.

당신들 위해
아름다운 시 쓰고자 합니다.
읽어서 누구나 행복한
시를 쓰고자 합니다.

기도 · 1

싸늘한 창공의 기러기,
담장 밑 귀뚜라미 소리
밤공기 타고 메아리치는,

가을밤은 깊어간다.

화롯불 끌어안고
군에 간 오라버니 생각으로
하얀 밤 까맣게 지새우던
어머니의 한숨소리.

밤이슬에 젖어,
달빛 타고 날아가고
지극정성으로 무운장구 빌고 빌어.

새해,
첫닭 울음소리가
잿빛 하늘을 가르며 온다.

기도 · 2

하나뿐인 아들을 나라에 바치고,
장독대 앞에서 별을 보는 어머니.

얼어붙은 두 손 합장하면
하얀 보자기가 머리를 감싸주었네.

밤마다 눈비 맞는 어머니 앞에
어느 날 돌아온 외아들의 웃음소리.

온 집안에
꽃이 피었네.

결혼

아름다운 꽃밭 가꾸고 싶었던
소녀시절의 꿈,
황홀한 족두리가 오히려
족쇄가 될 줄은 몰랐다.

밤마다 별을 보며 몸부림치고,
피눈물은 모여 시냇물이 되고,
한숨은 쌓이고 쌓여 동산이 되어,
강물에 낙화되는 꿈도 예사로 꾸었으니.

인고의 세월 기도가 힘이 되었을까.
설움의 한 페이지 한 페이지 넘기며,
고이고이 풀어낸 씨앗들
열매 무성하더니 결실을 맺었네.

시집살이

꼭두새벽,
눈 뜨면 다람쥐 쳇바퀴 돌듯
고추보다 더 맵던 시집살이.

앞 냇가 맑은 물에 내 몸 비추고,
해질녘 남몰래 태우는 눈물은
아무도 모르는 비밀이었다.

5월의 출렁이는 나뭇가지에
뻐꾹새 뻐꾹 뻐꾹,
소쩍새 소쩍 소쩍,
슬피 울 때,

저 멀리 떠나는 버스 아스라한데,
흐느끼시는 어머니 애절함도,
이 내 가슴 바닷물에 파문을 일고

얼룩진 베갯잇,

어머니 심장 오려내어
한 많은 세상 하직하셨네.
이제 누가 날 찾아줄까!

까치야!
네가 내 마음 전해 주렴.

악몽의 그 날

석양을 따라 눈물이 흐른다.
소매 끝에 닦으며 잊으려 하지만
기어이 살아나는 지난날의 악몽,

어린것들 재워 놓고 뛰쳐나가
독한 마음먹고 몸부림치던 날,
귓전에 맴도는 아이들 울음소리.

모진 세월 견뎌온 내가 대견스러워
스스로 고마워 눈물이 고인다.
흐르자마자 말라버리는 눈물.

매서운 칼끝이 가슴을 찌른다.
악몽 속으로 빠져드는 지난한 세월
지울 수 없는 기억 껴안고 살면서,
소리 없는 상처는 강물이 된다.

이제야 알았습니다

흐르는 물줄기를 바라보는
가로등 불빛이
얼마나 쓸쓸한지
아무도 모릅니다.

온종일 내리는 폭설을
마다않고 안아주는
소나무는 얼마나 가슴 아픈지
아무도 모릅니다.

돌아오지 못하는 사람
그리워하는 시린 가슴
이렇게 멍이 드는지
아무도 모릅니다.

그리워 쓸쓸하고
그리워 가슴 아프고
그리워 멍이 드는 줄
이제야 알았습니다.

아버지

땅거미 지는 저녁 무렵
시험 끝났다고 신이 난 친구들
떼 지어 몰려왔다.

아버지가 넓은 마당에
멍석 깔고 모깃불 피우시면,
매운 연기 머리 풀고 하늘로 오른다.

아버지 망태 지고 텃밭으로 가
파란 얼굴, 노란 얼굴, 함지박에
가득 담아 오시면,

친구들은 오이씨 버선,
뱃속에 잔뜩 감추고 잠이 든다.
꿈속 선녀 옷 훔쳐 입고 훨 훨
무지개 떴다고 소리쳐
친구 단잠 깨우고,

〉

수염 뜯긴 벌거숭이 옥수수
함지박에 내쫓아
신나게 하모니카 분다.

옥수수가 영그는 지금
왠지 아버지가 그리워진다.

어머니 · 1

눈물로 그린 목화꽃처럼.
눈에 가물거리도록
새하얀 날개를 펼쳐봅니다.

허기진 가슴은 하얗게 녹슬고,
비가 와도 눈 속 칼바람 불어도
마중 나와 잔등에 앉아계시던 당신.

그 길을 몇십 년을 가보아도
뻥 뚫린 가슴은 허기져.
먼 허공만 바라보고
어머니를 그립니다.

어머니 · 2

마음이 텅 빈 날에는 바닷가로 달려갑니다.
바다는 그리움도 슬픔도 가슴으로 안아줍니다.

소리쳐 불러도 대답하지 않고,
항상 푸르고 넓은 그대로입니다.

세상 아무리 까다롭고 번거로워도
흰 갈매기와 하얀 파도는 밀려옵니다.

노을 속에 스며드는 당신의 모습
사진 첩 꺼내들고 하얀 나래를 폅니다.

그 품에 안겨 아이처럼 엉엉,
소리 내어 울고 싶습니다.

어머니 · 3

창문을 열고
먼 산을 바라봅니다.
그리움은 더욱 깊어갑니다.

오늘도
커피 향에 피어오르는
어머니의 모습,
고이 간직하며
영혼의 시를 씁니다.

언제부턴가
쌓인 한 어머니 불러주시던
자장가 속에 잠재우며,

어머니
옛 모습 그대로
베틀에 앉아계십니다.

할머니

한 해 다르고 하루 다르다는,
할머니 말씀
오지그릇에 담아 시렁 위에 얹고,

-어머님 주무십니까?
365일 아침 저녁
어머니의 문안인사도 부질없네.

삼년상 내모시던 날
굵은 제복 끌어안고 통곡하는 부모님,

아스라한 산허리에는
빈 메아리만 돌아오고,

눈물은 서릿발처럼
하늘가에 뿌려집니다.

시래기죽

찬 서리 눈보라 속에서
시달린 인고의 세월은
몇 십 년이 되었을까

까마득한 세월 속,
때때옷 입을 날만 손꼽아 기다리던
어린 시절.

-까치까치 설날은 어저께고요.
-우리우리 설날은 오늘이래요.
노래 부르던 때가 엊그제 같은데,
가슴이 뭉클 코끝이 찡하네요.

어른들의 고초는 아랑곳하지 않고
설빔만 찾던 어린 시절이었지요.
명절 쇠고 나면 시래기죽만 남아

소 몰고 논으로 나가시는 아버님네들

이랴~ 워낭 울리는 소리
기진맥진 허기진 뱃속
쪼르륵 프시프시, 마중물 소리까지,

아버님네들 논두렁 베고 누워
한 맺힌 설움,
시래기죽 한 그릇도 꿀맛이었지요.

가든

까만 밤 사방을 환하게 비추는
하얀 독말풀 꽃,

아! 잘 잤다고 기지개 펴며
새날이 밝았다고 나팔 부네.

개나리 진달래도 방긋 인사하네.
채송화 봉선화도 약속이나 한 듯,

할미꽃 수줍게 고개 숙이고
백발머리 풀어 훨훨.

주렁주렁 유주
입 쩍~ 벌리고 하품하니
새빨간 속마음 다 털어놓고

뽀얀 달덩이 축복해 주는
흥부의 복 바가지 열렸네.

| 제3부 |

봄은 도둑처럼

매화 가지에
봄이 도둑처럼 오고 있다.

왜가리 뜸부기가 날아오고,
고궁을 찾는 여인들의 가벼운 옷차림.

겨우내 찌든 때
말끔히 쓸어가고,

아지랑이 몰래 피어오르는
봄은 도둑처럼 오고 있다.

봄이 오는 길목

부드러운 바람이 코끝을 스치면
산야에는 푸른 잎이 너울거린다.

보라색 등나무꽃들이 피기 시작하고
벌과 나비들의 춤사위도 시작된다.

고속도로는 차량으로 가득해도
계절의 길목은 너무나 고요하다.

산고의 고통 속에서도 세월은
흔적 가르는 소리로 아름답다.

냇가에 버들강아지도 솜바지 벗고,
귀여운 얼굴로 봄이 오는 길목을 바라본다.

목련

목련이
추위를 쫓아냈나보다.
문을 빼꼼히 열고
지긋이 밖을 내다본다.

매화향기가
춤을 추는 안개 뒤에,

뽀얀 버들강아지
솜이불 차버린 듯,
파란 치마 휘감고,
살곰살곰 손을 내민다.

매화의 향기

겨울을 몰아낸 자리에
매화 향기가 들어선다.

길가
개나리와 진달래꽃을
마저 틔우고,

겨울옷 과감히 벗어던진
여인처럼 가슴이 설렌다.

올 봄도 고향엔
매화꽃 만발하겠지.

산수유

겨울바람 지나간 자리에
산수유가 노랗다.

꽃망울 터트리며
기지개를 켠다.

부스스 눈 뜨고
사방을 둘러본다.

갓난아기의
살 냄새가 난다.

라일락 향기

라일락 향기가
외출하고 돌아오는 나를 부른다.

방긋 웃으며
어서 오라고 내 손 잡는다.

라일락 향기에 취해
발걸음 멈추고 이야기 나눈다.

하늘에는 별들이 반짝이고,
라일락 향기는 지금도 나를 부른다.

산울림

수채화 한 폭이다.
앙상한 나뭇가지와
희뿌연 하늘이
정자를 품에 안고 있다.

날씨 탓인가,
아무도 찾아주는 이 없지만
산울림은 여전히
곁에 있어 준다.

멀리서 봄이
오고 있나보다.
하늘 밑으로
연록색 물감이 뿌려진다.

항아리

산은
진달래꽃을 보낸 철쭉꽃이 다스리고,
화단은
목련이 간 자리에 장미가 군락을 이룬다.

오랜 세월
공들여 꽃피운 항아리
올봄도 예쁘게 피어주어 고맙다.

하늘의
별들이 피어나기 전에,
다른 항아리에도
아름다운 꽃들을 심어야겠다.

영롱한 이슬

동산에 얼굴 내민 햇님
마주한 아침이슬이 영롱하다.
젖은 나뭇잎에 매달려
오락가락, 어디로 가려는지.

갓난아기 맑은 눈동자 같다.
거짓 없는 구애 끝에
아침마다 탄생하여
기약 없이 떠날,

작은 바람에도 흔들리는 자태
세상을 비웃기라도 하듯
티 없이 맑은 표정.

아침 햇살에 잠시 놀다가
흔적 없이 사라질 맑은
이슬방울.

버들피리

산제비 넘나드는 바위골에서
지지배배, 새들이 노래 부르네.

재 넘어 아저씨 지게목발 두드리는
흥겨운 가락소리 메아리치고,

소 몰고 가는 저기 노총각
버들피리 구슬퍼 눈물지네.

저 산골 흰 구름 바람 설레듯
총각마음 물결처럼 출렁거리네.

떠나는 숙

시꺼멓게 그을린 통나무,
빨갛게 타오르는 용광로 속으로,
달마중 가나.

빨간 망토 차려입고,
아무도 모르게 달마중 가나.

금세 내려앉을 희뿌연 하늘
손이 맞닿을 듯,

마지막 이별에
하늘도 서러워 펑펑,
비를 쏟는다.

참새 떼

벼가 누렇게 익을 무렵이다.
어머니는 삶은 감자와 쑥개떡을
보자기에 잔뜩 싸주신다.

우리는 논둑 위 새막으로 달려간다.
참새들이 벼이삭에 새까맣게 앉았다가
내 발소리보다 먼저 날아오른다.

얼기설기 주렁주렁 매달린 깡통 줄을
팔이 아플 때까지 흔든다.
목이 터져라 한바탕 소리 지른다.

-우여라 훠이, 우여라 훠이,

목이 마르다, 얼굴이 화끈거린다.
우리는 연못으로 달려가
머리부터 발끝까지 물을 퍼 붓는다.
〉

연못가 촘촘한 줄대나무에
우렁이가 까맣게 매달려 있다.
한 주먹씩 따다가 고갤 들어보면,
아이구야, 참새 떼가 또 몰려온다.

풀벌레

잿빛 대지가 들먹들먹한다.
세상은 시끌벅적하고
만물이 용솟음치는 계절이다.

나뭇가지는 파릇파릇,
구름은 하늘을 덮더니
이내 비를 뿌린다.

산에는 새들이 우짖고,
들판엔 새싹들이
조용히 일어난다.

은빛 여울,
나뭇가지 기지개 켜면
기다렸다는 듯 풀벌레들 소란을 떤다.

| 제4부 |

북한산

북한산
오솔길 하얀 까치 한 마리가
만나서 반갑다고 강중강중

색동옷 갈아입은 나무들
바삭바삭 속삭인다.

은빛 무지개 타고 내려오는
요란스런 폭포수.

집채 같은 마당바위 사이에서는
맑은 냇물이 흐른다.

북한산은
무명 한 필을 펼쳐 그려놓은 수채화,
지금도 스크린처럼 지나간다.

철원 고지

북한 땅,
망원경 속으로 보이는 허술한 아파트
농부들도 겨우 한둘이다.

까만 고지를 오르내리며
국군은 철책 경계근무 중이고,

하늘에서 뿌려대는
하얀 떡가루 쓸고 또 쓸고,
돌아보면 다시 수북하게 쌓인다.

한가하게 하늘을 나는 새들만
남한과 북한을
거리낌 없이 오간다.

윤동주 문학관을 찾아서

전시실 사이
빼꼼히 내려다보는 사각 하늘
나뭇가지는 한들한들 하늘을 쓸고
목화 송이 같은 구름이 둥실 떠가네

윤동주의 우물을 보며
눈으로 시의 샘물을 퍼 마시네

시인의 언덕에 오르는 길
빙 둘러 단풍들의 축제
호랑나비 되어 날아다니고
떼굴떼굴 구르네
누군가 권하는
막걸리 한잔에 도토리묵 한 점
새콤달콤 톡 쏘는 홍어회

취한 마음이 자꾸 시를 버무리네

캠핑카

말로만 듣던 캠핑카를 타고,
막내딸 가족과 함께
여행을 떠났다.

하늘과 맞닿은 푸른 산,
싱그러운 초록 향기,

휴게소 들러
뱃속 충전하고 차에 올랐다.
자동차들은 얼굴 맞대고 속삭인다.

차창 밖으로
산속 옹기종기 모여 있는 제비집은
고요 속에 잠들고

큰길가 휘황찬란한 네온의
음식점들이 손님을 부른다.
〉

바닷가 영역의 깃발들은 적막한 밤
외롭고 무섭다고 몸부림치는데,

비릿하고 찝찔한 바닷가 내음에도
마냥 신이 난 손녀들.

사목해수욕장

파란 파도가 너울대는
사목해수욕장 백사장에는
옛 추억의 향기가 풍긴다.

여느 연인들이 다녀갔고,
여느 부부들도 다녀갔지만,
무심코 다녀갔던 내 지난날의 추억

쓰린 가슴 달래기 위해
파아란 파도와 싸우다가
백사장에 쓰러져 버린다.

언제나 나를 외면하지 않는
사목해수욕장
언제 다시 찾아오려나.

전등사

애기봉 지나 강화대교를 넘었다.
싱그러운 바다향을 더듬어
천년의 고찰 전등사 해탈문을 들어서니,
법당에서 목탁소리가 흘러나왔다.

산새가 지저귀는 오래된 고목나무,
갈비뼈가 앙상하게 상처 난 구멍을
시꺼멓게 도배를 하였다.

대웅전 네 귀퉁이 기와지붕을
여인네가 힘겹게 받치고 있다.
남편을 배신한 여인네를
평생 그렇게 살라고 만들었다는 전설.

세월의 흔적을 안고 돌아서니
오래된 담벼락에 담쟁이가 기어오르고,
태양이 서산으로 넘어가니
풍경소리 처량하다.

전철 안의 풍경

어두운 터널을 지나며
이리 저리 허둥대는
승객들은 각양각색이다.

손톱에 꽃물 들이는 여인도
얼굴에 스케치하는 여인도
손가락은 신나게 분주하다.

폰에 빠져 미동도 없는 젊은이들은
눈동자만 분주하다.

역과 시간 잠시 잊고
목련과 벚꽃나무 가지에 눈길 걸려
잃어버린 영혼 찾아 정신없이
흐르는 전철 안.

장마가 할퀴고 간 자리

모진 비바람에
부모형제 잃어 울부짖던 그날.
자식들 보듬을 사이도 없이
순식간에 덮친 진흙더미에
묻혀버린 영혼들.

눈물 쌓이고 쌓여 시뻘건 핏물이 되고,
늘비한 주검 속에 엎어지고 자빠지며
잃어버린 가족 생사 찾는 뒤집힌 눈,

두 손으로 귀를 막고 눈을 꼭 감았다.
하늘도 무심하시지
질끈 눈만 좀 감으셨어도,

한 동네를 초토화시킨 수마는 그렇게 지나가고,
지금 그 자리엔
아파트가 우뚝 서있다.

시장 풍경

얼큰함과 구수함을
비비는 사람들.

입속을 춤추게 하는
고소한 방앗간 내음.

한 잔 걸친 사람들
먹고 가라는 국밥집 아즈매.

시장 복판에서 이리 비틀 저리 비틀,
느~가 잘났으면 얼마나 잘났냐고 고래고래,

지글지글 군침 도는 빈대떡 아즈매
손끝에 놀아나는 허기진 사람들

-어데서 걸치고 와 용트림하고 자빠졌누
-그 버릇 개나 주지.
〉

말 떨어지기 무섭게 영감 시장 한복판에서
큰 대자로 쭉 뻗어버린다.

집게벌레

들킬세라 컴컴한 터널만
찾아다니는 이상하게 생긴 너.

바라보는 눈마다 혐오스럽게 만드는,
넌 무슨 연유로 세상에 나왔나.

나와는 아무런 상관이 없지만
그래도 넌 무슨 재미로 살고 있나.

세상에 태어난 것들이
필요 없이 생긴 건 없다 하는데,

너는 무슨 용무로 세상에 왔는지
참 궁금하구나.

아들딸들에게

엄마를 지켜주는 너희들이 있어
나 항상 든든하고 고맙단다.

착하고 효자인 우리 자식들
힘들어도 불평 없이 보살펴주고,

응원해준 너희들이 있기에
나의 노년은 행복하구나.

늦게나마 시를 쓰고 시인이 되고
시집까지 내게 되어 나는 행복하단다.

이 시를 너희들에게 남기고 싶구나.
우리 가족 모두를 사랑하는 마음으로.

어느새 이렇게

연약한 한 그루
나무 있었네.

바람이 불면 꺾일까,
비가 오면 뽑힐까,

걱정의 나날이었으나
어느새 곱고 예쁘게 뻗은 가지.

그 가지에 새파란
새순이 건강하게 자라고 있구나.

고뇌와 인고의 세월
살아온 삶이었으나,

너희들이 있어
행복하단다.

| 제5부 |

떠나가는 가을

나뭇가지 끝에 매달려
울부짖는 낙엽은
떠나기를 서러워하고,

갈대숲 지나
언덕길에 올라서니
가을 떠나는 소리 분주하다.

스산한 바람
단풍나무 가지 흔들어
떨어진 오색종이들 바람에 날리고,

재 넘어 가는
외로운 기러기 한 쌍
떠나는 가을 노래 부른다.

담쟁이넝쿨

안개 속에 잠겨 있다가
햇볕을 받들고
물기 없는 벽을 기어오른다.

높은 곳 얕은 곳 절벽까지
말없이 여행을 다닌다.

빨간 찔레꽃이 오르면
반갑게 손잡아 세우고,

어디든 갈 수 있는
커다란 너의 손

가고 싶은 곳 어디든
갈 수 있는
그 손 빌려 마음껏 다니고 싶다.

조 이삭

가을이 되면 온 밭이
노란 황금물결을 펼친다.

주먹 같은 금싸라기 한데 뭉쳐
수많은 가족을 이루는 조 이삭.

한 명의 낙오자 없이 키우느라
어깨 무거워 고개 한 번 못 들고,

생이 다하면 어김없이
주인에게 끌려와 도리깨의 타격으로
산산이 흩어지는 이산가족 되어,

삶의 무게에 짓눌려,
하늘 한 번 보지 못하고 애처롭게
일생을 마치는 불쌍한 조 이삭.

어리석은 꿩

하얀 떡가루 위에
차려놓은 밥상.

하늘에서 멋지게 비행하는
그들의 합창소리

구구 국, 구구 국, 구국 구국,
요란스런 비행이다.

슬며시 내려앉아
신나게 먹이를 주워 먹는다.

푸드득 푸드득 푸드득
아무리 용을 써도 소용없다.

정신이 몽롱해진 꿩들,
깊은 잠에 빠져 버린다.

고추잠자리

옥수수나무 사이로
살며시 스며드는 가을하늘

고추잠자리 마당을 빙빙 돌다가
장대 끝에 바르르 앉는다.

둥글둥글 빛나는 눈
비단 같은 날개옷

쌀잠자리 다가와
옥수수 개꼬리에 앉았다가,

고추잠자리 곁을 빙빙빙,
꼬리로 툭 치고 다시 빙빙빙,

심술궂은 바람이 불어와도
꽃단장하고 결혼하는 고추잠자리

나그네

동트는 새벽 길 떠난 나그네,
안개 자욱한 산사에는
풍경소리만 은은한데,

울부짖던 산새소리 그리운 듯
발걸음만 빨라진다.

안개 낀 산허리
오락가락 사방을 둘러보면,

헛기침만 고요 속에 메아리치며
나그네를 유혹한다.

손만 쥐었다 놓았다 불안, 불안,
안개 걷히는 산사를
돌아 나가는 나그네의 뒷모습.

누에고치

할머니는 나뭇가지를 꺾어다가
창호지 엮어 누에섶을 만드신다.
두 손을 합장하고 꾸벅꾸벅 하신다.

머리를 팔자로 내저으며
실을 뽑아 몸을 감추어
집을 짓는 누에들.

나뭇가지엔 눈꽃이 피고
눈꽃 속에선 천오백미터나 되는
터널을 만들고 있다.

죽염과 유골

대통 속을 채운 소금이
구워질 동안 한 남자가
가마 앞에서 연신 절을 한다.

진흙 불가마 속에서
아홉 번 타오르며 몸을 푼
소금은 비로소 죽염이 된다.

조카딸 미숙의 잿빛 얼굴
활활 타오르는 불가마 앞에서
나는 울음을 삼키며 하염없이 절을 했다.

-제발 거기선 아프지 마라.
-울엄니, 울아부지, 느그 아부지,
-만나 행복하게 살아라.

불을 통과한 죽염은
수정처럼 빛나고,

암의 몸을 푼 조카의 유골은
하얗게 빛나고,

우엉차

내 안에 가득히 품은 당신
슬플 때나 외로울 때도
벗이 되어 주는

당신을 사모하며
창가에 기대앉아

주르륵 주르륵 퍼붓는 빗물
가을에 취한 차 한 잔

사르르 눈을 감고
다향으로 당신을
불러봅니다.

은행나무

푸른 잎새 무성하더니,
얼마 전까지 황금 열매
주렁주렁 달렸더니

이젠 황달 든 이파리
발- 발- 떨며
한 잎 두 잎 힘없이 지네

모든 걸 체념한 듯
바람결에 구르다가
이리저리 밟히네.

겨울바람

문틈 사이로
슬며시 찾아오는 겨울바람
이불 속 품안으로 숨바꼭질한다.

막아도 막아도
도대체 어디로 들어올까
지독한 바람이다.

가라고 아무리 내쫓아도
몰래 들어와 팔다리를
마음대로 주무른다.

개나리꽃 진달래꽃 피거들랑
그때 나 스스로
문 활짝 열어 줄게.

삶과 인생

삶이란
무어냐고 묻는 나에게,
선지식은
한 점의 구름이라 하였다.

인생이란
무어냐고 묻는 나에게,
시인은
긴 여행길이라 일러 준다.

울고 웃고
행복과 불행의 바람,
모두 맞으면서
인고의 세월 이겨낸.

작은 돌탑 하나가
나의 삶이며,
인생이라 말하고 싶다.

촛불

하늘 높이 날아가는 불의 염원
고운 정성 엮은 나의 기도.

사남매 가족 모두의 건강
정성어린 기도로 두 손 모은다.

빨간 노을 속 은하에 별빛 뿌려주는
지난날의 옛 그림자,

인연이 닿지 않는
마음은 가려서 태워버린다.

자신을 태워 어둠을 밝히는
보살님의 마음이 숨쉬는
촛불 앞에서 두 손을 모은다.

| 제6부 |

작은 꿈

마지막 남길 흔적이
무엇이냐 고민하다가,
75세에 와서야 생각이 났다.

일생 동안 흘린 땀과 눈물
그리고 한 가정을 이룬 성취를
한 권의 시집으로 남기고 싶다.

처음이자 마지막 백지에는
나의 그리움들, 슬픈 눈물들,
있는 그대로를 그리고 싶다.

내가 떠난 먼 훗날
나의 자손들이 이 시를 읽고,
못난 할머니를 기린다면
별이 된 나는 여한이 없겠다.

커피 향에 취해

깊은 정적 속에
불러내는 커피 향
어둠이 너울대는 시간

누군가의 미소처럼
부드러운 향기에 취해
적막한 밤을 함께 한다.

은하에
별빛 뿌려주는
정지된 시간을 목 놓아 함께 한다.

은은한 향에 취해 눈을 사르르 감고,
어디선가 들려오는 구슬픈 대금소리
이 밤 내 곁에 잡아두고 싶다.

파란 무덤

파란 바가지 이불 쓰고
군데군데 누운 님 들,
무슨 인연 다하여
이곳에 왔나.

세월과 함께
찾는 이 없는 무덤 되어,
다람쥐, 청솔모만
놀다 가네.

하얀 눈 내리고
이름 없는 꽃이 피네
계절은 수없이 다녀가는구나.

내 침실

하얀 눈 위에
발자국 소리 남기며,
칼바람 헤치고 집으로 왔다.

가족들이 건네주는 따듯한 차 한 잔
포근한 침실에서 몸을 녹이니
행복이 여기에서 날 기다렸나보다.

일류 호텔이
아무리 호화롭다 해도,
내 집만 할까.

오래도록 정이 든 집
모든 것 내려놓고
쉴 수 있으니 행복하구나.

그리운 벗

휘영청 밝은 달밤에
계수나무 토끼가 방아 찧던
옛날이 그리워지는 밤이다.

코스모스 꽃밭에 앉아
친구들과 이야기 나누었지.
그들은 지금 어디서 무얼 하고 사는지.

젊은 날의 꿈 많던 시절
추억들이 한 편의 시를 쓰고,
시 속에서 옛날을 꽃 피운다.

봄날

봄을 캐러 들로 나갔다.
냉이, 고들빼기, 노란민들레,
예쁘지? 웃고 떠드는 소녀들.

또래의 무례한 소년들 앞을 막는다.
-같이 놀자.
-얘들아 가자 얼른, 겁난다.
-아니 뭐가 겁이 나.
-그 봐 호박꽃이 안 간다 하잖아.
-뭐 호박꽃?
-멸치가 까불고 있네.
-호박꽃도 꽃이냐?
-생선 축에도 못 끼는 멸치가!
-작년 팔월에 먹은 송편이 다 올라온다.

까르르 숨넘어가는 소녀들.

빨간 장미 속에 앙칼진 가시가 선다.

심술궂은 벌 나비가 춤을 춘다.

까마득한 추억 하나씩 엮어 올린다.
마냥 즐겁기만 했던 어린 시절.

카페에서

울적한 사람, 슬픈 사람,
즐거운 사람, 행복한 사람,
누구나 올 수 있는 곳이다.

빌딩숲 속에 자리한
이름 없는 작은 공간,
많은 사람들이 다녀간다.

마음 맞는 친구들끼리
속세의 잡동사니 일들 벗어놓고
가볍게 쉬는 곳이다.

감미로운 음악도 잠시 쉬고
사람들의 대화 소리만 가만가만.

친구와 단둘이 만나면
밤이 새도록
이야기꽃을 피운다.

독도 삽사리

모진 바람에 시달려
산발이 된 태극기
새 옷으로 단장시키는 독도.

부채바위 닭바위 은빛여울과
에메랄드빛 파도가 괴성을 지르고
개미들 줄지어 이삿짐을 나르면,

무섭게 쏘아대는 두 줄기 불빛
금방이라도 오랑캐 물어뜯을 기세다.
믿음직한 삽사리 독도 지킴이,
네가 있어 든든하구나.

설성산 소풍 가는 날

봄이 오면
바람 따라 구름 따라 소풍을 간다.
어머니 김밥 싸서 손에 들려주시고
친구들과 손잡고 노래 부르며
마냥 즐거운 소풍을 간다.

그 곳은
성이 놓일 자리로만 띠를 두른 듯
백설이 내려있어 설성산이라 불렀다.

들판에 모여앉아 수건 돌리기,
술래 되면 노래 부르기,
사치기 사치기 사뽀뽀,
손뼉 치고, 엄지가락 세우며,
박자 놓치면 술래 되는 흥겨운 놀이.

냇가에 가재잡고 발 담그며,
물수제비 잘도 떴지.

작은 차돌 주워 공기도 받고,

까마득한 추억이 되어버린 옛 이야기들.

승봉도 문학기행

여객선에 오르기 전부터
어린 시절 소풍 가는 꿈속으로 빠져든다.
반짝반짝 은빛 파도를 가르고
승봉도에 도착하니,

바닷가 모래사장 재미있는 놀이,
엉덩이 치며 쓰러트리고 이기는 자
하하 호호 모두가 동심으로 돌아간다.

모닥불 피워놓고 손뼉 치며 부르는 동요,
빨간 불빛 속에 까맣게 날아오르는 불티,
잊었던 추억 하나씩 낚시질한다.
이야기꽃으로 하룻밤 풋사랑들을 쌓는다.

아침 일찍 들려오는 파도소리
처얼썩, 처얼썩,
창문을 넘어와 내 머리를 후려친다.

바닷가 오동나무

보라색 오동나무 꽃향기가
내 마음 사로잡는다.
예쁜 보랏빛 꽃향기가
곁에서 떨어지지 않는다.

소라는 죽었지만
껍질 속 파도는 살아있다.
바다는 소라 껍질 속에 살아있다.
귀에 대면 바다의 소리가 메아리친다.

바닷가의 갯메꽃은 핑크빛 입술로
재잘거리며 속삭이고,
빨간 해당화 꽃 한 몫 하려는 듯
고개를 갸우뚱 미소 짓는다.

보라색 오동나무 꽃향기는
지금도 내 곁에서 도란도란
나와 함께 하고 있다.

콩청대

양지바른 산골짝에 모여
책보를 집어던지고
삭정이 꺾어 불사르면
여기서 따닥, 저기서 따닥,

새파란 버선 타래 이빨을 내밀면
저고리 벗어 부채질 할 때
하얀 연기 머리 풀고
까맣게 피어오른다.

콧물 눈물 쥐어짜며
고사리손 싹싹 비벼 후- 후-
부는 입김 산허리에 걸고,
토끼눈 파란 버선 털어 넣으면
뿌듯해지는 즐거움.

입과 코 마주보면
배꼽이 튀어나올 요지경,

시골 아이들만의 몰래하는 놀이다.
가끔 향수에 젖는 꿈을
하나씩 낚시질하며 웃어본다.

삶

보고 또 보고 감춘 발톱
언제 세울지
재빠르게 잡아채
한 번 물면 놓지 않는 욕망

항상 조심하고 곁을
주지 말아야지
방심하고 가까이하면
상처 낸다.

남을 해쳐야만 올라서니
가까운 곳부터
할퀴고 물어뜯고 해치는 근성

|해설|

사는 맛, 쓰는 맛
— 권영례의 시세계

조상준 | 시인

한때 젊은 비평가들이 "모든 씌어진 글은 문학이다"라고 주장한 바 있다. 장르에 피켓에 씌여진 구호조차 문학의 범주에서 다루어야 한다는 것이다. 일반적인 문학이론의 측면에서는 비판의 여지가 없지 않지만 시인이 "사남매 가족 모두의 건강/정성어린 기도로 두 손 모은다.(「촛불」)"는 글을 읽으면 이 글이 문학이냐 아니냐를 따지는 것이 얼마나 의미가 없는지, 부질없는 일인지를 실감할 수 있다. 문학의 효율성은 여러 갈래로 이야기 될 수 있고, 그 안에 삶의 절실함과 독특한 시대상황을 생각한다면 이 시집은 문학이상의 어떤 것까지를 담고 싶어 했음을 알 수 있다.

일반적으로 문학은 자기가 생각하는 것을 마음대로 표현하는 것이라 말할 수 있다. 따지고 보면 문학만큼 많은 제약 속에 묶여 있는 예술도 그리 흔치 않다. 눈에 보이든 보이지 않든 수많은 제약들은 글을 쓰는 사람들에게, 특히 직업으로 글을 쓰는 사람들로 하여금 쓰고 싶은 것들을 안 쓰게 하는 것도 적지 않다. 하지만 이 시인은 말이 곧 글이 될 수 있음을 보여주고 있다.

보통 문학에서는 구어와 문어를 엄격히 구분하고 있지만 이 시는 말이 곧 글이며 글이 곧 말일 수 있음을 느끼게 한다. 누군가 이 시를 본격적인 문학작품과 구별되지 않는가라는 질문을 해 온다면, 문학이 무기로 삼고 있는 느낌의 깊이라는 측면에서 버금가는 효과를 주고 있음을 잊지 말라고 해 주고 싶다. 인간의 여린 감성들이 살아온 시대와 공존하고 있다고 할 수 있다.

가족은 혈연에 바탕을 둔 자연적인 조직으로서, 인류가 시작된 이래 사회를 이루는 기본 단위로 존재해 왔다. 가족의 결속력은 현실을 뛰어넘는 숭고한 사랑으로까지 이어지기도 한다.

부대끼며 사는 세상에서 '가족'이라는 말처럼 살가운 말이 있을까. 가족은 행복 그 자체이자 영원한 안식처이며 세상

풍파의 바람막이와도 같다. 가족의 품이 따뜻한 이유는 아마도 자녀를 한없이 사랑으로 반기는 부모님이 있기 때문일 것이다.

가족은 사회의 일부로써 가족이 있으므로 사회의 공동체를 만들어 나갈 수 있다. 가족이 화목하고 좋을수록 사회는 더욱더 발전하여 좋은 사회가 되는 것이다. 즉, 사회는 가족의 일부이고 그 일부가 잘될수록 사회는 발전할 수 있는 것이다.

가족의 어원은 'Father And Mother I Love You'의 첫 글자를 합성한 것이라고 한다. 즉, '가족Family'이라는 단어에는 '어머니 아버지 사랑합니다'라는 의미가 담겨 있다. 가족의 어원에서 느껴지듯 서로의 사랑이 바탕이 되는, 세상에서 가장 따스한 공동체라고 할 수 있다. 권영례 시인이 서문에서 말했듯이 "많은 날을 낙오 없이 가정을 위하여 한 눈 팔지 않고 앞만 보며 열심히 살아"올 수 있었던 것은 가족이 있었기 때문임을 짐작할 수 있다.

또한, 어머니가 세상을 살아가면서 자식을 얼마나 사랑하고, 잘 되기를 바라는지도 알 수 있다. 어머니의 삶과 딸로서의 삶에 관한 시대적 변화의 층위가 확연히 드러나는 시대이지만, 어머니의 사랑이 지닌 고결함을 보다 선명하게 나타나는 시대에 살고 있다고 할 수 있다.

권영례 시인에게 지난 삶의 흔적이 상처투성이의 생을

확인하는 자리이기도 하다. 그래서 그 흔적들에 의해 시들고 메말라가는 건조된 현실을 살아간다. 벌써 바람이 생에 흔적을 지우고, 사람들을 마르게 하고 있음을 시인은 '이제 서산마루의 불꽃 찬란한 석양을 바라보면서' 시간의 갈피에 설익은 시를 숙성하며 가족을 보듬고 지나갔던 기억의 먼 강을 추억하며, 마지막 시간을 건너고 있다.

권영례 시인은 시인의 말에서 "돌아보면 지난 세월은/어둡기도 했고, 밝기도 했다./웃다가, 울다가, 발광하기도 했다."며, "수많은 날을/한눈팔지 않고,/앞만 보며 열심히 살아."온 지금도 가족을 사랑하는 마음에는 늙음이 없음을 보여주고 있다.

세월을 허송하는 게 인생의 목표가 아니기에, 지금까지 앞만 보고 부지런하고 성실하게 살아왔음을 몸소 이야기하고 있다.

그리고 권영례 시인은 이것으로 안주하지 않고 어두운 시대에 별이 되어서라도 가족을 돌보려 한다. "눈물로 그린 목화꽃처럼./눈에 가물거리도록/새하얀 날개를 펼쳐봅니다.//허기진 가슴은 하얗게 녹슬고,/비가 와도 눈 속 칼바람 불어도/마중 나와 잔등에 앉아계시던 당신.//그 길을 몇십 년을 가보아도/뻥 뚫린 가슴은 허기져./먼 허공만 바라보./(「어머니·1」)"며 어머니 "품에 안겨 아이처럼 엉엉/소리 내어 울고 싶(「어머니·2」)"다고 고백한다. 이는 시인의 마음 깊은 곳에서 한 번도 잊지 않았던 어머니 곁에 가는 그 길을 준비할 수 있는 별이고 싶어하는 욕망의 형상을 드러내고 있다. 따라서 물음을 스스로를 깊은 사유의 늪으로 유도하고 자신의 존재는 어머니의 존재에서 끝없는 삶을 향하는 길임을 말하며, "어머니 향한 옛 모습"을 기억하며 "영혼의 시를" 어머니에게 받치고 있다.

또한 북극성(「아버지」)을 중심으로 흩어져 있는 별들 중에서 혈연으로 묶여진 별자리를 이루었고, 그 별자리에 시인과 시인의 가족, 그곳에서 나오는 빛은 세상을 향한 따스함이 아버지가 있었기에 가능하였던 것이다.

땅거미 지는 저녁 무렵
시험 끝났다고 신이 난 친구들
떼지어 몰려왔다.

아버지가 넓은 마당에
멍석 깔고 모깃불 피우시면
매운 연기 머리 풀고 하늘로 오른다.

아버지 망태 지고 텃밭으로 가
파란 얼굴, 노란 얼굴
함지박에 가득 담아 오시면

친구들은 오이씨버선,
뱃속에 잔뜩 감추고 잠이 든다.
꿈속 선녀 옷 훔쳐 입고 훨- 훨-
무지개 떴다고
소리쳐 친구 단잠 깨우고,

수염 뜯긴 발가숭이 옥수수
함지박에 내쫓아,
신나게 하모니카 분다.

옥수수가 영그는 지금
왠지 아버지가 그리워진다.

—「아버지」 전문

어른들의 고초는 아랑곳하지 않고
설빔만 찾던 어린 시절.
명절 쇠고 나면 시래기죽만 남아.

소 몰고 논으로 나가시는 아버님네들
이랴 ~ 워낭 울리는 소리
기진맥진 허기진 뱃속
쪼르륵 프시프시 마중물 소리까지

아버님네들 논두렁 베고 누워
한 맺힌 설움,

시래기죽 한 그릇도 꿀맛이었지요.

—「시래기죽」 일부

가족을 보호 하는 것이 전통적인 가부장 하에서의 가족의 모습이었다. 그러한 면모는 전통적인 가족상이 많이 변화한 지금도 어머니와 아버지의 이미지에 대한 원형으로 남아있다. “아버지는 넓은 마당에/멍석 깔고 모깃불 피우시고/매운 연기 머리 풀고” 소박하게 가족을 사랑하기도 하고 “아버지 망태 지고 텃밭으로” 가서 먹거리를 가져 오신다. 이는 이 세상 어디에도 완벽한 아버지는 없지만 아버지와 어머님의 사랑은 언제나 완벽함을 알리기도 한다.

“시래기죽 한 그릇”으로 허기를 채우던 가난하고 궁핍한 시절을 살아 온 일이 정말 슬픈 것일까. 권영례 시인에게 가난은 아버지와 어머니와 함께 살았던 시대였다. 그래서 피할 수 없는 숙명이었을 것이다. 세상은 돈으로 존재가치를 판단하려 한다. 하지만 시인은 아버지의 텃밭을 간직하며, 시래기죽 한 그릇에 담긴 정 속에서 삶의 진정한 사랑을 끄집어내고 있는 것이다.

또한 권영례 시인은 존재가 삶의 밑바닥으로 몰리지 않기 위해 시인은 앞만 보고 살아왔다고 고백한다. 그러하기에 한편으로 이 슬픔을 공감하지 않는 사람은 없을 것이다. 그런 삶은 시인은 시대를 탓하지도 언어로 미화

하지도 않는다.

아버지는 시공을 초월해 언제나 가족을 지탱해 주는 버팀목이 된다. 가족은 힘들고 어려운 일이 닥쳤을 때는 마음을 위로해 주는 비타민이 되고, 지쳐있을 때는 그 어떤 보약보다도 '가족의 힘'이 치유의 진가를 발휘한다. 그래서 세상살이가 힘들수록 아버지가, 가족이 더욱 그리워지는가 보다.

아울러 부모가 있어 행복했던 그리운 시절, "왠지 아버지가 그리워진다"고 고백을 하며 별의 중심이 아버지였음을 추억하고 있다.

말로만 듣던 캠핑카를 타고,
막내딸 가족과 함께
여행을 떠났다.

하늘과 맞닿은 푸른 산,
싱그러운 초록 향기,

휴게소 들러
뱃속 충전하고 차에 올랐다.
자동차들은 얼굴 맞대고 속삭인다.

차창 밖으로
산속 옹기종기 모여 있는 제비집은

고요 속에 잠들고

큰길가 휘황찬란한 네온의
음식점들이 손님을 부른다.

바닷가 영역의 깃발들은 적막한 밤
외롭고 무섭다고 몸부림치는데,

비릿하고 찝찔한 바닷가 내음에도
마냥 신이 난 손녀들.

—「캠핑카」 전문

과거에 캠핑은 문명의 이기로부터 멀리 떨어져 거친 자연으로 되돌아가 자연과 더불어 고된 생활을 즐기는 소수인들의 취미에 불과했다. 이제는 대다수의 평범한 가족들이 휴일을 보내는 전형적인 힐링으로 자리 잡고 있다. 막내딸 가족과 손녀의 손을 잡고 산에 피어 있는 각양각색의 이름 모를 꽃들을 본다. 막내딸의 가정의 지친 몸과 마음의 회복을 위해 떠난 여행에서 비릿한 바다 내음과 적막한 밤에도 불구하고 신이 난 손녀들만으로도 행복감을 얻는다. "칼바람" 같은 세상 속에서도 "가족들이 건네주는 따듯한 차 한 잔/포근한 침실에서 몸을 녹이니/행복(「내 침실」)"일 수 있고, 편히 쉴 수 있고 "외아들의 웃음소리(「기도·2」)"에 "온 집안에 꽃"을 피울 줄 아는, 소박한 행복이 묻어나는 살맛나게 사는 작은 세상을 만들고 있다.

겨울바람 지나간 자리에
산수유가 노랗다.

꽃망울 터트리며
기지개를 켠다.

부스스 눈 뜨고
사방을 둘러본다.

갓난아기의
살 냄새가 난다.

—「산수유」 전문

이 시를 읽으며 나는 소풍가는 아이처럼 가슴이 설레인다. 한 세월을 마감해 가는 겨울바람의 끝에서 노란 산수유 속에 친구의 발자취, 부모님의 얼굴, 그리운 사람들의 이름이 노랗게 꽃망울처럼 기지개를 켠다. 지금은 거의 모두가 떠나 텅 빈 곳에서 사방을 둘러보고 있으면 나뭇가지 사이로 노오랗게 입술을 열고, 아련한 추억이 밀려와 알싸한 갓난 아이의 살내음이 진동을 한다.

하늘 높이 날아가는 불의 염원
고운 정성 엮은 나의 기도.

사남매 가족 모두의 건강을
정성 어린 기도로 두 손 모은다.

빨간 노을 속 은하에 별빛 뿌려주는
지난날의 옛 그림자,

인연이 닿지 않는
마음은 가려서 태워버린다.

자신을 태워 어둠을 밝히는
보살님의 맘이 숨쉬는
촛불 앞에서 두 손을 모은다.

—「촛불」 전문

엄지왕자님 검지공주님들
고맙습니다.
왕자님, 공주님 없었다면
난 어떻게 살았을까.

힘든 일 궂은 일 말이 없던
당신들 자랑스럽습니다.

피 아무리 흘러도 불평 없던 당신들
우리 집의 금메달입니다.

사랑합니다.
항상 나를 지켜주는 당신들이 있어.

당신들 위해
아름다운 시 쓰고자 합니다.
읽어서 누구나 행복한
시를 쓰고자 합니다.

—「나의 손가락」 전문

질풍노도의 한국 근·현대사를 살아온 권영례 시인은 위 촛불에서 볼 수 있듯이 가족의 건강을 최우선으로 생각한다. 자신을 태워 어둠을 밝힐 수만 있어도 좋기에 보살님의 맘에 기대어 염원한다. 가족을 생각하는 삶의 기원과 세상을 행복하게 살아가는 것을. 심각하고, 심오하게 꽤나 어려운 철학적 사색의 언어로 나타내기보다, 잠을 좀 못 이루더라도 두 손 모아 기도하는 소박한 모습을 보여주고 있는 것이다. 이 또한, 세상을 살아가는 시인의 마음이 담백하게 나타나 있다고 할 수 있다.

또한, 권영례 시인의 시는 시대의 격동기를 살아왔던 어머니의 삶과 의식을 우리에게 하나의 생각할 수 있는 쉼표를

던져주기도 한다. 하지만 시를 쓰는 행위는 시대의 흐름과 분위기는 끊임없이 변모해 나갈 것이다. 시대가 변모하고 생활이 변하는 것은 당연하리라 보지만, 권영례 시인은 건강하고 아름다운 모성애는 변하지 않고 가족들의 희노애락의 삶의 모습이 가득 차게 되기를 희망한다. 우리의 몸은 지상에 잠시 머무는 것이다. 그 속에서 "사랑합니다./항상 나를 지켜주는 당신들이 있어.//당신들 위해/아름다운 시 쓰고자 합니다./읽어서 누구나 행복한/시를 쓰고자 합니다."고 늘 고백함이 시간에 속박 안에서도 잊혀지지 않기를 바란다.

우리가 사는 이 세대는 나를 중심으로 한 사람의 영역과 나를 둘러싸고 있는 세상 속에서 맺어지는 관계가 어느 한 편으로 일방통행이 아니라, 잘 조절된 저울추처럼 수평적인 관계로 조절되고 있음을 볼 수 있다. 살아온 삶의 행보가 마치 이 시대의 가버린 뒤편처럼 아득하게 보인다. 이는 시인이 살아온 삶의 길에서 체득된 각성이 억지로 꾸미거나 장식적이지 않고 솔직함이 그대로 드러나고 있다. 이 정직성은 그가 자라면서 천성적으로 가꾸어온 심성에서 자란 것이라 여겨진다.

권영례 시인은 인간관계의 중심을 가족, 그 중에서 어머님를 선택하고 있다. 무심히 살아오면서 어머니에게 입은 은혜를 깨닫고 느끼게 되는 삶의 각성을 통해 가족과 따뜻한 인간애의 정신을 중심으로 잡고 있다.

또한, 시인은 그만의 글쓰기의 소박함으로 함께 살아가는 이들과 어깨동무를 하고 살아가겠다는 목표를 보여주고 있다. 이 땅에 바르게 가족을 사랑만 한다면 생은 충분하고 가치 있는 것이라는 삶이 체계를 형상화하고 있는 것이다.

권영례 시인은 「악몽의 그 날」에서 "모진 세월 견뎌온 내가 대견스러워/스스로 고마워 눈물이 고인다./흐르자마자 말라버리는 눈물."이라며, "매서운 칼끝이 가슴을 찌른다./악몽 속으로 빠져드는 지난한 세월/지울 수 없는 기억 껴안고 살면서,/소리 없는 상처는 강물이 된다."고 고백한다. 그러면서 "당신들 위해/아름다운 시 쓰고자 합니다./읽어서 누구나 행복한/시를 쓰고자 합니다.(「나의 손가락」)", "모진 겨울의 하얀 눈은/차오르는 복수초 같으니,/나의 마지막(「마지막 열정」)" 열정을 가지고 시인이 되기를 소망하였고, 드디어 이루었다. 이제 시인이 "내가 떠난 먼 훗날/나의 자손들이 이 시를 읽고,/못난 할머니를 기리(「작은 꿈」)"기를 바라고 있다. 이처럼 시인의 시 한 편 한 편이 끝까지 가족을 생각하는 사랑으로 가득 차 있음을 느낄 수 있다.

이제 권영례 시인의 시를 읽으면 우리네 할머니와 어머니 삶의 따뜻한 보편성이 얼마나 귀한 것인가를 생각하고, 상처투성이의 삶 속에서도 우리를 별처럼 아름답고 빛나게 응원하는 우리네 부모님을 고개만 들면 누구나 만나볼 수 있을 것 같아 행복하다.